Steffi Baltes / Katja Hogh

Wenn Gott seine Engel schickt

francke

Einleitung:
Engel in der Bibel

Viele Male begegnen uns Engel in der Bibel, im Alten und im Neuen Testament. Im Hebräischen werden sie „malach" (Bote) genannt, im Griechischen „angelos" und im Lateinischen „angelus". Davon leitet sich unser deutsches Wort „Engel" ab.

Auch wenn die Künstlerin sich in diesem Buch dazu entschieden hat, die Engel mit Flügeln darzustellen, um ihre von Gott gegebene Hoheit und Herrlichkeit zu veranschaulichen, haben in der Bibel doch nur die Cherubim und Seraphim Flügel. Die Engel, die Boten Gottes hingegen, treten in Menschengestalt auf, zuweilen an weißen Gewändern erkennbar. Ein fliegender Engel wird nur in Offenbarung 14,6 genannt: „Und ich sah einen andern Engel fliegen mitten durch den Himmel ..."

Engel dienen und schützen das Volk Gottes: „Denn er hat seinen Engeln befohlen, dass sie dich behüten auf allen deinen Wegen, dass sie dich auf Händen tragen ..." (Ps. 91,11f). Engel besiegen für den Gottesfürchtigen auch schon mal seine Feinde, so wie im Falle von König Hiskia, dessen belagertes Jerusalem dadurch befreit wird, dass der Engel des Herrn das assyrische Heer mit Krankheit schlägt (2. Kön. 19).

Der Hauptauftrag der Engel ist es allerdings, den Menschen Gottes Willen zu verkünden. Sie begegnen den Menschen während ihrer täglichen Arbeit, um ihnen eine Botschaft von Gott zu bringen (so wie Gideon im Alten und Maria im Neuen Testament). Sie erscheinen den Menschen im Traum (so wie Josef im Neuen Testament) und geben ihnen Gottes Wegweisung bekannt, oder sie deuten ihnen ihre von Gott geschenkten Visionen (wie im Falle von Daniel).

Im Neuen Testament begleiten Engel Jesus, seine Familie und seine Freunde von Anfang an.

Ein Engel verkündigt Maria die Geburt von Jesus. Ein Engel ermutigt Josef, seine Verlobte Maria zu heiraten. Heerscharen von Engeln geben uns einen Einblick in die Freude, die in der himmlischen Welt über die Geburt von Jesus herrscht. Ein Engel schickt die Familie in Sicherheit nach Ägypten und ruft sie wieder heraus. Engel dienen Jesus in der Wüste und stärken ihn im Garten Gethsemane. Engel wachen am Grab von Jesus, ermutigen die trauernden Frauen und senden sie als Zeugen zu den anderen Jüngern. Engel holen die Jünger nach der Himmelfahrt Jesu wieder auf den Boden der Tatsachen zurück. Ein Engel befreit Petrus aus dem Kerker. Ein Engel leitet Philippus auf einem „Evangelisationseinsatz" u. a. m.

Nur drei Engel werden in der Bibel (einschließlich des Buches Tobit aus den Apokryphen, den Spätschriften des Alten Testaments) mit Namen genannt:

Michael („Wer ist wie Gott?"), Gabriel („Mann Gottes") und Rafael („Gott hat geheilt").

Michael wird im Buch Daniel als einer der „Ersten unter den Engelfürsten" (Dan. 10,13) bezeichnet.

Rafael begleitet den jungen Tobias in menschlicher Gestalt auf einer wichtigen Reise und schützt ihn vor Gefahren (Tobit 5,4–12,22).

Gabriel ist einer der Engel, die vor Gott stehen. Er verkündet dem Zacharias die Geburt von Johannes und Maria die Geburt von Jesus.

Trotz allem gebührt den Engeln selbst keine Verehrung, denn sie tun nur das, was Gott ihnen aufträgt. Paulus sagt im Hebräerbrief ausdrücklich: „Sind sie, die Engel, nicht stattdessen Geister, die zum Dienst Gottes zur Verfügung stehen und zur Hilfestellung für die Menschen ausgesandt sind, die das Heil Gottes erben sollen?" (Hebr. 1,14)

Und im Buch Tobit sagt der Engel, bevor er den jungen Tobias und seine Familie wieder verlässt:

„Nicht mir habt ihr zu danken, dass ich euch beigestanden habe; es geschah alles in seinem Auftrag. Ihn sollt ihr rühmen, ihm euer Leben lang Loblieder singen! Ich gehe jetzt wieder zu dem, der mich gesandt hat. Preist ihn vor allen Menschen und macht seine Taten bekannt." (Tob. 12,18.20)

Hagar in der Wüste: Der Gott, der uns sieht

1. Mose 16,1-16

Hagar war die Magd von Sarai, Abrams Frau. In der rabbinischen Literatur wird erzählt, dass sie eine Tochter des Pharaos von Ägypten gewesen sein soll, der sie als Geschenk an Abram und Sarai gab.

Nach vielen Jahren im Haushalt des Patriarchen wird Hagar von ihrer Herrin in den Stand einer Nebenfrau erhoben, damit sie Abram einen Erben schenkt.

Als sie schwanger wird, freut sie sich über die Maßen. Denn sie hofft, nun im Ansehen von Abram zu steigen und in seinen Augen einzigartig zu sein. Doch damit nicht genug, lässt sie ihre Herrin Sarai herablassend spüren, dass sie nun etwas Besseres ist, und verachtet sie wegen ihrer Kinderlosigkeit. Das lässt Sarai sich nicht gefallen. Sie ist die „Fürstin" im Zeltlager Abrams. Sie will Hagar bestrafen, vielleicht sogar öffentlich, sodass alle im Lager es sehen.

Da flieht die schwangere Hagar hinaus aus dem sicheren Lager, hinein in die lebensfeindliche, unwirtliche Wüste. Auch sie hat ihren Stolz, und sie möchte nicht ihr Gesicht verlieren und gedemütigt werden.

Gott aber sorgt sich um Hagar, obwohl sie ihn gar nicht verehrt. Er schickt seinen Boten, den Engel des Herrn, um sie zu suchen. Ihr Elend, an dem sie ja alles andere als unschuldig ist, geht an Gott nicht vorüber. Zunächst ermahnt er sie, an dem Platz zu bleiben, der ihr zugewiesen ist: in Abrams Lager, als Sarais Magd. Das wird Hagar bestimmt nicht gefallen haben. Doch der Engel hat auch eine Ermutigung und eine Verheißung für sie: Sie wird einen männlichen Erben gebären, eine Auszeichnung für jede orientalische Frau, und ihr Sohn soll Ismael heißen, das bedeutet: „Gott erhört". Gott hat um Ismaels willen Hagars Gebet gehört. Ismael hat einen Platz in Gottes Herzen. In Hagars Freude darüber mischen sich aber auch Missklänge: Ismael wird ein hartes, umkämpftes Leben führen. Er wird mit seinen Geschwistern, den anderen

zukünftigen Kindern Abrams, streiten. Doch Gott wird sein Leben erhalten. Hagar fragt nicht nach: „Kannst du meinem Sohn und mir nicht eine bessere Zukunft schenken? So hab ich mir das nicht gedacht!" Sie ist dankbar für alles, was Gott gibt. Sie respektiert, wenn er ihr scheinbar etwas vorenthält. Hagar hat eine ehrfurchtgebietende, außergewöhnliche Erfahrung mit dem lebendigen Gott gemacht. Sie weiß, dass dieser Gott ihr keine Rechenschaft schuldig ist. Sie akzeptiert, dass Gott geheimnisvoll bleibt und sich ihrem Verstehen entzieht. Doch sie freut sich über alles, was Gott ihr freiwillig von sich gezeigt hat. In seinem Boten hat Gott sich Hagar zugewandt und ihr deutlich gemacht, dass er sich um sie und ihren Sohn sorgt und kümmert. „Du bist ein Gott, der mich sieht! Gewiss habe ich hier hinter dem hergesehen, der mich angesehen hat", so sagt es Hagar staunend und ehrfürchtig. Sie wird dadurch zur ersten Frau, von der die Bibel berichtet, die Gott einen Namen gibt! Hagar ist damit zufrieden, „Gott hinterherzuschauen". Sie begnügt sich mit dem, was Gott ihr von sich offenbart.

Vielleicht sind wir in unserem Leben schon in einer ähnlichen Situation wie Hagar gewesen: wir sind über das Ziel hinausgeschossen, haben uns schuldig gemacht, und auch andere sind an uns schuldig geworden. Nun sitzen wir da, in einer trostlosen, scheinbar ausweglosen Situation, und wissen nicht mehr weiter. Doch unabhängig von der Lage, in der wir uns gerade befinden, und ganz gleich, wie gut wir Gott kennen oder wie nah wir uns ihm fühlen – Gott schaut nicht durch uns hindurch oder an uns vorbei. Er hört unsere Hilferufe und unser Gebet. Er macht sich auf und sucht uns, weil er uns liebt. Und er findet uns auch, egal, wie weit wir uns entfernt haben. Er ist der Gott, der mich sieht. So hat ihn Hagar liebevoll genannt. Und das können auch wir erleben. Er zeigt sich uns nicht immer so, wie wir es erwarten. Manchmal müssen wir uns damit begnügen, „hinter ihm herzuschauen". Und nicht immer verstehen wir sein Handeln an uns. Doch von Hagar können wir lernen, dass es gut ist, Gottes Souveränität zu respektieren und für das dankbar zu sein, was er uns schenkt. Mitunter schickt er uns sogar in Situationen zurück, die wir eigentlich meiden wollten. Vor denen wir geflohen sind. Doch er geht mit und trägt uns. Er hilft uns, unserer Berufung treu zu bleiben. Hagar jedenfalls wurde zur Stammmutter eines großen Volkes. Auch wir dürfen den Platz einnehmen und ausfüllen, den Gott uns gezeigt hat, und ins Leben hineinbringen, was Gott uns schenkt.

Jakob am Fluss Jabbok:
Der Gott, der mit uns ringt und der uns segnet

1. Mose 32,1-33

Jakob ist ein Mann, der schon viel gekämpft hat in seinem Leben. Er hat viele Dinge falsch gemacht und einige richtig. Er ist oft auf der Flucht gewesen – innerlich und äußerlich. Nun ist Jakob dabei, nach Hause zurückzukehren. Doch zuvor versucht er noch, die Beziehung zu seinem Bruder in Ordnung zu bringen, den er sehr verletzt hat. Er fürchtet sich. Wie wird Esau reagieren? Hinter ihm liegt Mesopotamien, das Zweistromland, wo er lange Jahre im Exil verbracht hat. Vor ihm liegt sein „gelobtes Land", Kanaan, wo er Segen und Glück erwartet. Und dazwischen kommt sein Bruder Esau ihm mit einem großen Gefolge entgegen. Ob in Freundschaft oder in Feindschaft, das weiß Jakob nicht. Deshalb trifft er eilig Vorbereitungen zum Schutz für seine Familie. Dann betet er. Und er trifft weitere Vorbereitungen. Jakob ist klug, aber auch listig. Um seine Ziele zu erreichen, kann er schon mal zum Betrüger werden – das steckt auch in seinem Namen: Jakob, „er betrügt". Trotz allem liebt er Gott, zeigt ihm seine Dankbarkeit und wünscht sich, mit seiner ganzen Familie von ihm gesegnet zu werden. Doch scheint es so, als sei der Schutz und Segen Gottes nicht genug für Jakob. Um wirklich sicherzugehen, dass alles so läuft, wie er es will, muss Jakob selbst die Kontrolle behalten. Als er alles getan hat, um das Treffen mit seinem Bruder günstig zu beeinflussen, führt er seine Familie über den Fluss Jabbok, bleibt aber selbst noch eine Weile an der Schwelle zum neuen Land zurück. Er muss etwas zur Ruhe kommen und nachdenken. Der Jabbok, ein Nebenfluss des Jordan, bildet die Grenze zwischen dem Alten und dem Neuen, zwischen Jakobs Vergangenheit und seiner Zukunft, zwischen Leid und Segen.

Doch gerade hier begegnet Jakob plötzlich Widerstand von unerwarteter Seite. Ein Mann stellt sich ihm entgegen und ringt mit ihm. Die Auseinandersetzung ist ernst und hartnäckig. Die beiden kämpfen miteinander, bis der Morgen anbricht. Der Mann fügt Jakob eine Verletzung zu, doch Jakob lässt nicht locker und beschwört den Fremden,

ihn zu segnen: „Ich lasse dich nicht eher los, bis du mich gesegnet hast!" Jakob ist klar geworden: Es ist Gott, der mit ihm kämpft. Gott stellt sich ihm entgegen und zeigt ihm eine Grenze auf. So kann es nicht weitergehen. Wenn Jakob wirklich in eine gesegnete Zukunft gehen will, muss er aufhören, selbst alle Fäden in der Hand halten zu wollen. Gott ringt ihm die Kontrolle über sein Leben ab, ja, er muss Jakob sogar verletzen – aber nur, um Schlimmeres zu verhindern. Gott will Jakob nicht in sein Unglück laufen lassen. Jakob soll verstehen, dass er sich ganz von Gott abhängig machen muss, damit er in ein gelingendes Leben hineingehen kann. Es gibt keine gesegnete Zukunft für ihn und seine Familie, wenn er nicht einzig und allein auf Gott vertraut. Und Jakob versteht endlich: „Ich habe Gott gesehen, und trotzdem lebe ich noch!' Darum nannte er den Ort Pnuël (‚Gesicht Gottes'). Die Sonne ging gerade auf, als Jakob weiterzog. Er hinkte, weil seine Hüfte ausgerenkt war."

Das Treffen mit seinem Bruder, vor dem Jakob sich erst so gefürchtet hat, verläuft besser als erwartet. Die beiden versöhnen sich nach langen Jahren.

Manchmal geht es uns so wie Jakob. Wir vertrauen Gott zwar ein bisschen und erbitten seinen Segen, als krönenden Abschluss quasi, wie eine Kuchenglasur, die den Genuss perfekt macht. Doch eigentlich haben wir schon selbst über unser Leben und unsere Zukunft entschieden und alles so arrangiert, dass es unseren Vorstellungen entspricht. Wir wollen gerne die Kontrolle über unser Leben behalten. Doch dann machen wir mit einem Mal die Erfahrung, dass uns die Kontrolle entzogen wird. Wir haben unser Leben und unsere Zukunft nicht mehr in der Hand. Das hatten wir zwar auch vorher nicht, aber jetzt wird es uns erst so richtig deutlich. Wir kommen an unsere Grenzen. Wir ringen mit Gott: „Warum lässt du das zu? Warum tust du das? Warum lässt du mich nicht einfach mein Leben leben?" Manchmal ist es lebenswichtig für uns, wenn auch schmerzlich, dass Gott uns entgegentritt und uns Grenzen setzt, wenn wir uns zu weit von ihm entfernen. Er hält nicht alles Leid von uns fern. Und, ja, es ist durchaus möglich, dass er uns verwundet, so wie Jakob. In unserem Schmerz verschafft er sich Gehör und zieht uns wieder näher zu sich. Und er ist überglücklich, wenn wir endlich begreifen, dass wir ohne ihn nicht leben können und ihm sagen: „Ich halte an dir fest, mein Gott, segne mich!"

Mose und der brennende Dornbusch: Der Gott, der uns herausruft

2. Mose 3,1–4,17

Mose hat in seinem Leben schon viele Berg-und-Tal-Fahrten erlebt. Als Säugling soll er in Ägypten ermordet werden. Seine Mutter kann ihm nur dadurch das Leben retten, dass sie ihn aussetzt und der Tochter des Pharaos als verwaistes Kind unterschiebt. Von da an geht es aufwärts. Der kleine Mose wird am Hof des Pharaos wie einer seiner Enkel erzogen. Viele Jahre lebt er dort und wird von ägyptischen Lehrern in das Wissen des Alten Orients eingeführt. Doch er vergisst seine wahre Herkunft aus dem Volk Israel nie. Als er sieht, wie ein ägyptischer Aufseher einen hebräischen Sklaven misshandelt, erschlägt er den Aufseher vor Zorn. So wendet sich das Blatt aufgrund seines eigenen Verschuldens für Mose wieder zum Schlechten. Er wird als Verbrecher gejagt und flieht ins Land Midian, in die Gegend des heutigen Jordanien bzw. Saudi-Arabien. Weit weg von seinen Leuten und seinem Zuhause muss er im reifen Alter von 40 Jahren noch einmal von vorne anfangen. Er hat nichts mehr. Keinen Reichtum, kein Ansehen, keine Ehre. Nur seine Lebenserfahrung und seine gute Ausbildung. Doch das nützt ihm in der Fremde nicht viel. Mose versucht dennoch, neu Wurzeln zu schlagen und das Beste aus seiner Situation zu machen. Er heiratet die Tochter eines midianitischen Priesters und lebt ganz demütig und einfach unter den Kamelnomaden der arabischen Halbinsel. Weitere vierzig Jahre vergehen so, und sie sind so ganz anders als die ersten 40 Jahre seines Lebens. Mose verbringt sie in relativer Einsamkeit, fern von der Zivilisation. Doch Gott hat Zeit. Er bereitet Mose auf etwas Großes vor. Mose liegt Gott schon lange am Herzen als der, durch den er sein Volk Israel aus Ägypten befreien will. Doch Mose ahnt noch nichts von seinem Glück.

Um ihn aus seinem Alltagstrott zu holen, braucht es etwas ganz Besonderes. Gott, der eigentlich die ganze Zeit über da war, macht sich nun mit Macht bemerkbar: Der Engel des Herrn erscheint Mose in einem brennenden Dornbusch, als der eines Tages nichts

ahnend die Schafe seines Schwiegervaters durch die Steppe treibt. Mose muss sich erst die Augen reiben und langsam annähern – was ist das bloß? Warum brennt der Busch und wird doch nicht von den Flammen verzehrt? Und wer spricht da plötzlich mit ihm? Mose scheint ein bisschen aus der Übung geraten zu sein, wenn es darum geht, Gottes Gegenwart wahrzunehmen. Er merkt nicht, wann er „heiligen Boden" betritt, wo Himmel und Erde sich berühren. Auch fürchtet sich Mose ein wenig vor Gott. Er weiß nicht, was er zu erwarten hat. Was will Gott von ihm?

Gott hat eine große Aufgabe für Mose. Er darf ein wichtiges Kapitel in der Geschichte Gottes mit seinem Volk mitgestalten. Gott hatte Mose einst „herausgezogen", nicht nur aus dem drohenden Tod als Säugling oder aus den Wassern des Nils, sondern auch aus der Mitte der Israeliten. Er hat Mose am Hof des Pharaos die bestmögliche Ausbildung geschenkt, eine Vorbereitung auf seine künftige Berufung. Und selbst als Mose durch den Mord an dem ägyptischen Aufseher schuldig geworden ist, hat Gott ihn nicht verlassen. Er ist mit ihm ins fremde Land gegangen und hat sich Zeit genommen, Mose weiter vorzubereiten. Wahrscheinlich hat Mose selbst das gar nicht so empfunden. Vielleicht hat er sich eher hin und wieder gefragt, wie er so tief hat fallen können: vom Enkel des Pharaos zum Schafhirten in der Fremde. Doch Gott hat nie aus den Augen verloren, was er mit Mose noch vorhat. So kommt es, dass im Leben des nun 80-jährigen Mose noch einmal ein ganz neues Kapitel aufgeschlagen wird: Mose soll nun selbst zum „Herauszieher" werden, denn das bedeutet sein Name. So, wie Gott ihn aus seinem bisherigen Leben herausruft zu einer ganz neuen Aufgabe, so soll Mose das Volk Israel herausrufen und aus der Gefangenschaft in Ägypten herausführen. Denn auch mit Israel hat Gott noch viel vor.

Es ist nie zu spät. Selbst wenn wir so wie Mose Fehler in unserem Leben gemacht haben, ist Gott gnädig und hat dennoch eine Berufung für uns. Er will an uns arbeiten und uns besser zurüsten für die Aufgaben, die er für uns vorgesehen hat. Das braucht Zeit. Manchmal fragen wir uns ungeduldig, warum Gott uns „in die Wüste schickt" und nichts zu passieren scheint. Und wir merken dabei gar nicht, dass Gott schon längst da ist und sich bei uns Gehör verschaffen will.

Es ist nie zu spät für ein neues Kapitel in unserem Leben, ganz gleich, ob wir jung oder alt sind oder wie wir uns fühlen. Gott kann uns in jeder Lebensphase und in jedem Alter „herausrufen" und uns zum Segen für andere machen.

Bileam und die Eselin:
Der Gott, der alle seine Geschöpfe liebt

4. Mose 22,21-34

Das Volk Israel nimmt das Land ein, das Gott ihm verheißen hat. Balak, der König der Moabiter, sieht das Volk jenseits des Jordans nahe Jericho lagern und bekommt es mit der Angst zu tun. Er sendet nach Bileam, einem berühmten Seher. Der soll das Volk Israel verfluchen. Mit der Aussicht auf eine großzügige Entlohnung zieht Bileam schließlich mit der Gesandtschaft zurück nach Moab, um dem Wunsch von König Balak nachzukommen. Bileam reitet auf seiner treuen Eselin. Da versperrt ihm der Engel des Herrn den Weg. Er hat ein Schwert in der Hand und ist entschlossen, Bileam seinen eigensinnigen Weg zu verwehren. Bileam bekommt von alledem zunächst gar nichts mit. Er wundert sich, warum seine Eselin plötzlich den Pfad verlässt und auf das Feld ausweicht. Sie nimmt wahr, was Bileam nicht sehen kann. Sie hat Augen für die himmlische Dimension. Sie versucht, dem Engel und seinem Schwert auszuweichen. Doch ihr Herr schlägt wütend auf sie ein und zwingt sie wieder zurück auf den Pfad. Der Engel aber stellt sich an eine Stelle, an der der Weg auf beiden Seiten von Mauern gesäumt ist. Ängstlich drängt sich die Eselin ganz nah an die Mauer, um so vielleicht dem Engel ausweichen zu können. Dabei klemmt sie den Fuß ihres Herren Bileam zwischen sich und der Mauer ein. Der schlägt sie erneut. Schließlich tritt der Engel an die engste Stelle des Weges, wo es kein Entkommen mehr gibt. Der Eselin bleibt nichts anderes übrig, als auf ihre Knie zu fallen und sich dem Willen ihres Herrn zu widersetzen. Bileam klettert vom Rücken der Eselin hinunter und bestraft wutentbrannt sein vermeintlich so störrisches Reittier. Doch Gott hat Erbarmen mit seinem Geschöpf und verleiht der Eselin Sprache:

„Was habe ich dir getan? Warum hast du mich jetzt schon zum dritten Mal geschlagen?" Bileam scheint sich gar nicht darüber zu wundern, dass ein Tier plötzlich sprechen kann, und schreit ganz außer sich: „Weil du mich zum Narren hältst! Hätte ich nur ein Schwert zur Hand, ich würde dich töten!" Noch einmal spricht die Eselin so, dass Bileam

es verstehen kann: „Bin ich nicht deine Eselin, auf der du schon immer geritten bist? Habe ich jemals so etwas getan wie heute?" Bileam kommt wieder etwas zu sich und erwidert: „Nein."

Endlich öffnet ihm Gott die Augen, damit auch er sehen kann, was ihm bisher verborgen war. Dieser Blick in Gottes Wirklichkeit, auf den machtvollen Engel mit dem Schwert in der Hand, ist für ihn so überwältigend, dass er sich vor Angst und Ehrfurcht auf den Boden wirft. Der Engel fragt ihn vorwurfsvoll: „Warum hast du deine Eselin dreimal geschlagen? Ich war es, der dich aufgehalten hat, weil dein Weg sonst ins Verderben führt. Deine Eselin hat mich gesehen und ist mir dreimal ausgewichen. Hätte sie es nicht getan, dann hätte ich dich mit dem Schwert getötet und sie am Leben gelassen." Bileam bereut seinen Eigensinn. Und der Engel weist ihn an, zwar mit den Moabitern weiterzuziehen, aber nur das über Israel zu prophezeien, was ihm der Herr eingibt.

Gott liebt alle seine Geschöpfe. Auch wenn er den Menschen als Verwalter über seine Welt eingesetzt hat, heißt das nicht, dass der Mensch immer den vollen Durchblick hat. Manchmal können offensichtlich die Tiere die himmlische Dimension besser wahrnehmen als wir. Sie geben dem Schöpfer die Ehre, während wir viel eher störrisch darauf beharren, unseren selbst gewählten Weg weiterzugehen, auch wenn er ins Unglück führt.

Gott sorgt sich um seine Geschöpfe. So bringt der Engel des Herrn seine Empörung darüber zum Ausdruck, dass Bileam seine Eselin misshandelt. Und er ist entschlossen, die gehorsame Eselin nicht dafür leiden zu lassen, dass ihr Herr ungehorsam ist. Bileam würde er töten, das Tier aber am Leben lassen.

Jesus sagt einmal zu seinen Jüngern: „Welchen Wert hat schon ein Spatz auf dem Dach? Man kann fünf von ihnen für einen Spottpreis kaufen. Und doch vergisst Gott keinen einzigen von ihnen." (Lk. 12,6) Gott liegt seine Schöpfung am Herzen. Davon können wir lernen. Es stimmt zwar, was Jesus auch sagt: „Ihr seid Gott mehr wert als ein ganzer Spatzenschwarm!" (Lk. 12,6-7) Doch das gibt uns nicht den Freibrief dafür, Gottes Schöpfung auszubeuten oder seine Geschöpfe zu misshandeln. Nur weil wir die Sprache der Tiere nicht verstehen, heißt das nicht, dass sie stumme und dumme Kreaturen sind. Wer weiß, vielleicht haben sie ihren ganz eigenen Zugang zu Gott und seinen Engeln, von dem wir nicht die geringste Ahnung haben?

Gideon auf dem Feld bei Ofra: Der Gott, der uns Kraft gibt

Richter 6,11-24

Gideon stammte aus Ofra in der Jesreel-Ebene in Galiläa. Diese Gegend hatte eine strategische Bedeutung für die Verbindung der Länder im Norden und Osten zum Mittelmeer. Sie wurde zum Schauplatz großer biblischer Schlachten. In Gideons Zeit hatte Israel noch keinen König. Das Land wurde von Richtern, von Gott berufenen und begabten Führern, geleitet. Damals wurde Israel immer wieder von den Midianitern heimgesucht. Sie kamen aus der Gegend des heutigen Saudi-Arabien und drangen mit ihren schnellen Kamelen bis zur Jordansenke und weit in die von Israel eroberten Gebiete vor. Besonders beliebt war die Erntezeit, in der die Midianiter kilometerweit die Ernte der Israeliten vernichteten. Die Menschen versteckten sich vor Angst in Höhlen und auf den Bergen und klagten Gott ihr Leid. Gott antwortet ihnen, indem er einen neuen Richter beruft, der das Volk vereinen und anführen soll: Gideon.

Der Engel des Herrn wird als Bote geschickt, um Gideon diese wichtige Nachricht zu überbringen. Er setzt sich unter eine Terebinthe, während der Bauer Gideon auf seinem Feld arbeitet und ihn zunächst gar nicht zu bemerken scheint. Wie seltsam! Oder doch nicht? Eigentlich kennen wir das ja auch aus unserem eigenen Leben: Oft sind wir so von unseren Alltagsgeschäften eingenommen, dass wir die unaufdringliche Gegenwart Gottes in unserem Leben glatt übersehen. Der Engel des Herrn muss sich also erst bemerkbar machen: „Der Herr steht dir bei, du starker Kämpfer!" Mit dieser ungewöhnlichen Begrüßung schreckt der Engel Gideon aus seiner Arbeit auf. Er sieht in Gideon ein Potenzial, das er selbst nicht wahrnehmen kann. Doch der reagiert nicht etwa erstaunt oder freudig. Es scheint viel eher so, als kämen in diesem Moment Zweifel und Bitterkeit in Gideon hoch. Wenn Gott wirklich der ist, von dem ihm seine Eltern immer erzählt haben, warum tut er dann nichts gegen das Elend der Israeliten und die Angriffe der Midianiter? Gideon hat auf dieses Problem nur eine Antwort gefunden: „Gott hat uns

verlassen." Er hat bereits sein Vertrauen auf Gott verloren. Bevor Gideon gegen die Midianiter kämpfen kann, so wie Gott es mit ihm vorhat, muss er zunächst die „Feinde", die „Midianiter" in seinem Inneren überwinden, in seinen Gedanken und in seinem Herzen. Auch das kennen wir vielleicht aus unserem eigenen Leben: Da gibt es einen Bereich unseres Lebens, wo wir uns von Gott verlassen fühlen, und wir tun uns schwer, noch auf ihn zu vertrauen. Der Engel des Herrn geht allerdings mit keiner Silbe auf die Vorwürfe von Gideon ein: „Ich gebe dir einen Auftrag ... Du hast die Kraft dazu!" Es scheint, als wolle Gott Gideon einfach nur nach vorne weisen, als wolle er ihm sagen: „Schau nicht zurück. Schau nach vorne. Ich habe etwas mit dir vor. Ich habe dich begabt. Du sollst in dieser Welt etwas für mich bewirken."

Gott kennt Gideon besser als Gideon sich selbst. Er weiß, was er in ihn hineingelegt hat. Gott hat auch uns mit seinem Geist und seinen Gaben beschenkt. Wir tragen eine Kraft in uns, von der wir meist nichts ahnen. Vielleicht weil wir, wie Gideon, zu sehr mit unserem Alltag, unseren Zweifeln, unserem Leid beschäftigt sind? Gott hat, so wie mit Gideon, viel mit uns vor. Gerade wenn wir schwach sind, kann Gott in uns umso stärker sein. Wir werden zu „starken Kämpfern" und Helden, weil die ganze Auferstehungskraft von Jesus in uns wohnt. Diese Kraft will uns Gott erschließen, wenn wir uns ganz von ihm abhängig machen.

Gideon aber ist nicht leicht zu überzeugen: „Meine Sippe ist die kleinste ... ich bin der Jüngste ... wie soll *ich* ...?" Doch wenn Gott uns einen Auftrag gibt, dann gibt er uns auch alles, was wir dazu brauchen. Gideon denkt, alles hänge nun von *ihm* ab, aber das stimmt nicht. Alles hängt allein von *Gott* ab. Er erinnert Gideon: „*Ich* helfe dir ... Hab keine Angst ... Ich schenke dir Glück und Frieden!" Gideon hat dann am Ende doch noch die Midianiter geschlagen, weil er sich dazu entschieden hat, Gottes Kraft zu seiner eigenen zu machen, Gott zu vertrauen und die Herausforderungen anzunehmen, vor die er gestellt wird. Er hat gelernt, das auszuleben, was Gott in ihn hineingelegt hat, und konnte so sein Volk sicher durch eine turbulente, gefährliche Zeit führen. Er ist wirklich ein starker Kämpfer geworden. Gott will auch uns ermutigen, jeden Tag: „Der Herr steht dir bei, du starker Kämpfer / du starke Kämpferin! ... Hab keine Angst! Ich schenke dir Glück und Frieden."

Maria in Nazareth: Der Gott, der uns mitten im Alltag Großes anvertraut

Lukas 1,26-38

Schon zum zweiten Mal innerhalb eines halben Jahres wird der Engel Gabriel, der „Mann Gottes", wie sein Name es ausdrückt, von Gott nach Israel gesandt. Diesmal nicht nach Jerusalem und zu einem vornehmen Priester, sondern ins ländliche Galiläa, ins kleine Dorf Nazareth, zu einer jungen unerfahrenen Frau. Maria, die zu diesem Zeitpunkt noch ein Teenager ist, befindet sich gerade im Haus ihrer Eltern. Wahrscheinlich geht sie dort einer ganz alltäglichen Beschäftigung nach. Und vielleicht denkt sie gerade an ihren Verlobten Josef, der ein Nachfahre von König David ist. Da wird Maria jäh aus ihren Gedanken gerissen:

„Sei gegrüßt! Dich hat Gott mit seiner Gnade ausgezeichnet. Er, der Herr, ist mit dir!", sagt der Engel, als er das Haus betritt.

Maria erschrickt nicht etwa über den himmlischen Boten, sondern über den ungewöhnlichen Gruß. Sie ist doch nur ein einfaches Mädchen, und ihre Eltern sind nicht bedeutend oder reich. Was zeichnet sie vor anderen aus? Wieso begegnet ihr der Mann Gottes mit so viel Respekt?

Das macht Maria Angst. Als Gabriel merkt, dass die junge Frau überfordert ist, redet er beruhigend auf sie ein. Er nennt zum ersten Mal ihren Namen: „Hab keine Angst, Maria! ... Du wirst schwanger werden und einen Sohn zur Welt bringen. Dem sollst du den Namen Jesus geben. Er wird sehr bedeutend sein und Sohn des Allerhöchsten genannt werden ..." Voller Begeisterung spricht Gabriel weiter – es freuen sich doch schon alle Engel und alle Wesen der himmlischen Welt auf dieses großartige Ereignis! Doch er merkt gar nicht, dass Maria voller Schrecken nur das eine denken kann: „Wie soll das geschehen? Ich habe doch noch nie mit einem Mann geschlafen?" Was redet der Mann da? Sie ist doch noch nicht einmal längere Zeit mit Josef allein gewesen, das wäre ganz und gar unschicklich für ein nicht verheiratetes junges Paar. Sie haben keine Zärtlich-

keiten ausgetauscht, sind immer unter Beobachtung von Müttern oder Großmüttern, Onkels oder Tanten, Cousins oder Nichten gewesen ... Solche und ähnliche Gedanken purzeln wie wild in Marias Kopf durcheinander. Doch bevor ihre Gedanken noch weiter Amok laufen, antwortet der Bote Gottes verständnisvoll, aber auch mit fröhlicher, stolzer Stimme: „Der heilige Gottesgeist wird über dich kommen und die Kraft des Höchsten wird ihren Schatten über dich werfen. Deshalb wird das Kind, das du zur Welt bringen wirst, heilig sein. Sohn Gottes wird es genannt werden ..." So, nun hat Gabriel es schon zum zweiten Mal sagen müssen, dass der Junge der Sohn Gottes sein wird. Wird es jetzt bei Maria ankommen? Oder wird sie vor Aufregung und Angst weiterhin nur in den Bahnen denken, die sie gewohnt ist? Doch Gabriel und der Heilige Geist, sie haben ihren Job gut gemacht. Gott selbst öffnet eine neue Tür in Marias Verstand und sie beginnt zu erahnen, dass der Allmächtige tatsächlich ein großes Wunder an ihr tun wird. An ihr, dem jungen Mädchen aus dem Dorf Nazareth im ländlichen Galiläa. „Hier bin ich, eine Dienerin Gottes, des Herrn! Es soll genauso geschehen, wie du es gesagt hast!"

Später, nachdem sie ihre Verwandte Elisabeth besucht hat, die das Wunder, das an Maria geschehen ist, viel deutlicher wahrnehmen kann, wird Maria sagen: „Er, der Mächtige, hat große Dinge an mir getan." Manchmal dauert es ein wenig, bis wir die Wunder erahnen oder erfassen können, die Gott bereits an uns getan hat. Manchmal steht uns dabei unsere Wahrnehmung von uns selbst im Weg: Wer sind wir schon, dass Gott sich um unsere alltäglichen Nöte kümmern und auf unsere Gebete antworten sollte? „Was – für Gott bin ich wertvoll? Aber ich kann mich ja nicht einmal selbst leiden!", denken wir vielleicht. Wir können einfach nicht glauben, dass Gott uns, die wir uns womöglich als unwürdig, unbedeutend, zu jung, zu alt oder zu unbegabt empfinden, tatsächlich segnen und Großes anvertrauen will. Und dennoch ist es so. Gott hat sich entschieden, einer jungen unbekannten Frau in einem unbedeutenden Landstrich das größte Geschenk anzuvertrauen, das er der Menschheit macht: seinen Sohn, den Heiland der Welt. Auch uns will er Wertvolles anvertrauen. Sein Geist lebt in uns, der in uns und durch uns Wunder wirken will. Er vermehrt unsere Fähigkeiten, Gaben und positiven Charaktereigenschaften. Er ermutigt uns, sie mitten im Alltag zum Segen für andere einzusetzen. Er hilft uns, das „zur Welt zu bringen", was durch seinen Geist in uns gewachsen ist.

Josef und sein Traum: Der Gott, der uns den Weg zeigt

Matthäus 1,18-25

Josef war ein gewissenhafter, gottesfürchtiger Mann – so beschreibt ihn das Neue Testament gleich zu Anfang des Evangeliums von Matthäus. Aber auch gottesfürchtige Männer haben ihren Stolz. Als er erfährt, dass seine Verlobte schwanger ist, bricht für ihn eine Welt zusammen. Er kann sich gar nicht vorstellen, wie es so weit kommen konnte. Da er annehmen muss, dass Maria ihm untreu geworden ist, überlegt er sich schweren Herzens, die Konsequenzen zu ziehen. Er hat es sich sicherlich nicht leicht gemacht. Und dennoch kommt er zu dem Entschluss, die Verlobung aufzulösen. Er sucht nach einem Weg, wie er einen Skandal und zu viel Aufhebens darum vermeiden kann. Er will Maria trotz ihres vermeintlichen Verrates an ihm schützen und möglichen Schaden von ihr abwenden. Das zeigt, dass Josef wirklich ein Mann von Charakter ist. Die Frage bleibt natürlich: Hat ihm Maria selbst von ihrer Schwangerschaft erzählt? Und hat er ihr nicht geglaubt, dass das heranwachsende Leben von Gottes Geist hervorgebracht ist? Zugegeben, das ist natürlich eine große Anforderung an den Glauben, das war es damals zu Josefs Zeiten und das ist es heute immer noch. Jedoch – wenn wir an einen Gott glauben, der das gesamte Universum aus dem Nichts heraus geschaffen hat, der uns unsere Schuld vergibt und uns ewiges Leben schenkt, der Tote auferstehen lässt – warum sollte es ihm dann unmöglich sein, im Körper einer Frau neues Leben zu schaffen?! Ob Josef sich diese Fragen auch gestellt hat – wir wissen es nicht. Bestimmt hat er aber Gott um Hilfe angefleht und ihm sein Leid geklagt. Matthäus berichtet uns, dass Josef über all diesen Gedanken und Sorgen müde wird und schläft. Es ist kein traumloser Schlaf, sondern seltsam real und lebendig: Der Engel des Herrn erscheint Josef mit einer klaren, unmissverständlichen Botschaft – der Antwort auf seine stummen, geflüsterten oder klagenden Gebete: „Josef, du Nachkomme von David, hab keine Angst, Maria als deine Ehefrau aufzunehmen! Denn das neue Leben, das in ihr entstanden ist, stammt vom hei-

ligen Gottesgeist. Maria wird einen Sohn zur Welt bringen. Dem sollst du den Namen Jesus geben. Denn er wird – wie der Name sagt – sein Volk von allen Sünden befreien."

Als Josef erwacht, hat er mit einem Mal eine große Klarheit, was er tun und wie es weitergehen soll. Diesmal stellt er nicht infrage, dass Gott am Werk ist, auch wenn er es bei seiner Verlobten zuvor vielleicht noch bezweifelt hat. Gott hat ihm durch seinen Boten eine so eindeutige Wegweisung gegeben, dass er alles so macht, wie er es gehört hat. Er heiratet seine Maria. Er hat große Achtung vor dem heiligen Kind, das da in Maria heranwächst. Und er nennt das Kind – auch wenn es womöglich niemanden in der Verwandtschaft gab, der so hieß – Jesus.

In der Bibel wird öfter davon berichtet, dass Menschen im Traum von Gott Wegweisung erhalten. Aber Gott spricht auch auf andere Weisen, in biblischen Zeiten und auch heute. Als Kind (und nicht nur damals) habe ich mir manchmal gewünscht, Gott würde mit lauter, hörbarer Stimme, begleitet von Donner oder Fanfarenschall reden, damit ich es auch wirklich nicht verpasse. Das ist mir leider bisher noch nicht vergönnt gewesen. Was ich aber öfter erlebt habe, ist, dass Gott durch einen Bibelvers geredet hat, der mir plötzlich in den Sinn kam und wie eine Antwort auf meine Frage oder Bitte war. Oder jemand anderes hat mir einen Bibelvers aufgeschrieben, der genau ins Schwarze getroffen hat. Manchmal hat auch jemand für mich gebetet und Dinge gesagt, die er oder sie gar nicht von mir wissen konnte – und es war mir in diesem Moment vollkommen klar, so wie Josef, als er aus seinem Traum erwachte: Das war Gott, der da zu mir geredet hat. Er zeigt mir, dass er mich nicht vergisst. An ihm geht mein Schicksal nicht vorbei. Immer wieder habe ich aber auch gar nicht gemerkt, wie Gott meine Schritte gelenkt hat. Ich konnte nur beten und hoffen, dass er mich leitet, wenn die zu treffende Entscheidung nicht leicht oder die Lösung eines Problems nicht eindeutig war. Doch oft habe ich dann im Rückblick gesehen, dass Gott tatsächlich meine Schritte gelenkt hat – vielleicht hat mich einer seiner Boten an die Hand genommen? Gott zeigt uns den Weg, den wir gehen sollen. Manchmal erfordert es ein wenig Geduld von unserer Seite und dass wir an Gott „dranbleiben" und ihm in den Ohren liegen. Er hört. Und er wird antworten.

Jesus in der Wüste Juda: Der Gott, der uns dient

Matthäus 4,1-11

Jesus ist noch ganz erfrischt von seiner außergewöhnlichen Gottesbegegnung am Fluss Jordan. Bei seiner Taufe durch Johannes war der Geist Gottes auf ihn herabgekommen und hatte ihn erfüllt. Er hatte die große Liebe seines himmlischen Vaters gespürt und seine Stimme gehört. Etwas Neues fing an, das spürte Jesus. Doch statt direkt hinein in seine Berufung, hin zu den Menschen, die ihn brauchten, führt der Geist Gottes ihn erst einmal an einen einsamen Ort. Weg von allem und allen, in die Wüste Juda. Offenbar will Gott es so.

Die Wüste kann ein Ort des Lebens sein. Es ist ganz still. Kein Laut ist zu hören, kein Vogelgezwitscher. Nur der eigene Atem. Hier fällt es leicht, sich auf das Wesentliche zu konzentrieren und Gottes Stimme zu hören. Sicher hat Jesus diese Zeit genutzt, um sich auf Gott auszurichten und sich für seinen Auftrag vorzubereiten.

Die Wüste kann aber auch zum Ort des Todes werden. Ohne Wasser und Nahrung ist es bald vorbei. Man ist den negativen Stimmen in sich selbst ausgeliefert, aber auch den Einflüsterungen böser Mächte, die Zweifel gegenüber Gott säen wollen.

Jesus hat freiwillig gefastet und vierzig Tage lang auf feste Nahrung verzichtet. Aber er bekommt Hunger wie jeder andere Mensch. Der Versucher tritt an ihn heran, um Jesus von seinem Auftrag abzubringen und Misstrauen zwischen ihm und seinem himmlischen Vater zu säen. „Versorgt Gott dich wirklich? Schau, du sitzt hier in der Wüste und fühlst dich leer und hungrig!" – „Bei mir kannst du eine große Karriere machen! Komm, ich zeige dir die Welt!" – „Kannst du Gott vertrauen? Stell ihn auf die Probe!"

Auch wenn der Körper von Jesus müde und erschöpft ist, so ist doch die Beziehung zu seinem himmlischen Vater stärker denn je. Jede der scheinbar harmlosen Vorschläge und Anfragen des Versuchers kann Jesus entlarven. Er will nicht an Gott zweifeln. Er will ihm vertrauen, auf sein Wort hören und ihn allein anbeten. Eine wichtige Voraussetzung

für den Auftrag, den Gott ihm gibt und der Jesus absolutes Vertrauen und Gehorsam, ja einfach alles abverlangen wird.

„Da verließ ihn der Teufel. Und siehe, da traten Engel zu ihm und dienten ihm." (Mt. 4,11)

So, wie Jesus später der Diener von vielen, vielen Menschen sein wird, so will sein himmlischer Vater auch für ihn sein: Er sendet seine Engel, die Jesus in seinem Namen dienen. Jesus hat die Wüstenzeit überstanden. Die Einsamkeit, der Hunger, der Durst, die nächtliche Kälte in der Wüste, die eigenen Ängste und Sorgen, die Einflüsterungen des Versuchers – all das darf er nun hinter sich lassen und die Zuwendung und Fürsorge der Gottesboten genießen. Sie erfrischen ihn, stärken ihn, ermutigen ihn im Namen dessen, der sie gesandt hat.

Auch uns bleiben Wüstenzeiten in unserem Leben nicht erspart. Gott lässt sie zu. Vielleicht haben wir gerade etwas Wundervolles und Ermutigendes erlebt und sind motiviert, in eine neue Phase des Lebens mit und für Gott einzutreten. Doch mit einem Mal scheint es, als seien wir mitten aus dem Leben weggerissen, aufs Abstellgleis umgeleitet, in die Warteschleife dirigiert. Zweifel steigen in uns hoch. Haben wir Gott falsch verstanden? Warum hat er uns nicht vor diesem oder jenem Schicksalsschlag bewahrt? Warum hat er nicht verhindert, dass wir nun im Abseits stehen, uns innerlich ganz leer und ausgelaugt fühlen? Und wer kann die nagenden Fragen und Zweifel in uns zum Schweigen bringen?

Wüstenzeiten gehören zum Leben dazu. Auch zum Leben mit Gott. Doch Gott kann solche Zeiten „umwidmen", ihnen einen Sinn verleihen. Wüstenzeiten bieten die Chance, dass wir uns ganz von Gott abhängig machen, so wie Jesus. Auch wenn wir nicht auf alle Fragen eine Antwort bekommen. Die Versuchungen, die an uns herangetragen werden, fordern uns heraus, einen Standpunkt einzunehmen und uns auf Gottes Seite zu schlagen. An ihnen können wir, durch Gottes Geist, der in uns wirkt, wachsen und reifen. In den Dürreperioden bereitet uns Gott oft dafür vor, Frucht zu bringen und anderen zu dienen. Er lässt uns nicht allein. Seine Engel sind nicht weit. Wenn wir in den Fußstapfen von Jesus unseren Versuchungen entgegentreten und unsere Wüste durchqueren, können wir erfahren, dass Gott in seinem Sohn Jesus zu uns kommt, uns erfrischt und dient.

Die Jünger auf dem Ölberg: Der Gott, der mit uns in den Alltag geht

Apostelgeschichte 1,4-14

Es sind kostbare Stunden. Die Jünger und Freunde Jesu sitzen am Ölberg nahe bei Jerusalem mit Jesus zusammen. Er erklärt ihnen vieles über die kommende Zeit und das Reich Gottes, doch manche Fragen bleiben auch ungeklärt. Die Freunde von Jesus müssen es aushalten, dass er ihnen nur sagt, was sie zu wissen brauchen. Und sie müssen sich in Geduld üben und warten. Worauf? Auf den Heiligen Geist, den Jesus ihnen als Tröster und Ermutiger schicken und der ihnen helfen wird, die große Aufgabe zu erfüllen, die Jesus vertrauensvoll in ihre Hände legt: Sie dürfen den Dienst von Jesus weiterführen und Menschen mit Gott bekannt machen. Nicht nur in Jerusalem oder Judäa, sondern auch im fremden Samarien und an Orten, an denen sie bisher mit Jesus noch nicht gewesen sind: in anderen Ländern, bis hin zu den Enden der damals bekannten Welt. Dann ist für die Freunde auf dem Ölberg die Zeit des Abschieds gekommen. Jesus verlässt sie, so wie er es ihnen schon öfter angekündigt hatte, um zu seinem und ihrem himmlischen Vater zu gehen. Er wird nun nicht mehr sichtbar bei ihnen sein, sondern durch den Heiligen Geist, den Gott ihnen senden wird. Obwohl die Jünger eigentlich darauf vorbereitet sein müssten, sind sie dennoch erstaunt und ergriffen, als Jesus mit einem Mal von einer Wolke verhüllt und in den Himmel aufgehoben wird. Sie stehen mit offenen Mündern da, den Kopf in den Nacken gelegt, und sehen ihm nach. Was ist ihnen in diesem Moment wohl durch die Köpfe gegangen? Und was haben sie in ihren Herzen empfunden? Ein Gefühl der Verlassenheit vielleicht. „Warum muss Jesus gehen? Kann er nicht bei uns bleiben?" Oder Hilflosigkeit: „Was sollen wir jetzt ohne Jesus tun? Was sind wir noch ohne ihn?" Vielleicht auch Selbstzweifel: „Werden wir seinen Auftrag auch erfüllen können? Vielleicht hat er uns da ein bisschen zu viel zugetraut!" Oder Angst: „Was wird geschehen, wenn wir in Jerusalem von Jesus erzählen? Werden sie mit uns nicht dasselbe machen wie mit ihm?"

Da treten zwei Männer in leuchtend weißen Gewändern zu ihnen, Boten Gottes. Sie ermutigen die Schar der Freunde, den Blick wieder zur Erde zu wenden und ihre Umgebung wahrzunehmen: „Ihr Männer aus Galiläa, was steht ihr hier und schaut zum Himmel? Dieser Jesus, der jetzt von euch in die Himmelswelt aufgenommen wurde, wird wiederkommen, genau so, wie ihr ihn in die Wirklichkeit Gottes habt hinübergehen sehen."

Wahrscheinlich waren die Jünger über die Erscheinung der Engel genauso erstaunt, wie sie von der Himmelfahrt Jesu überwältigt waren. Doch die Worte der Boten reißen sie aus ihrer Erstarrung. Sie steigen herunter vom „heiligen Berg", hinein in die Niederungen des Alltags. Von der unglaublich intensiven Gotteserfahrung geht es direkt hinein in das turbulente Treiben in den Straßen Jerusalems. Dort versammeln sie sich – die Apostel und die Frauen, die Jesus nachgefolgt sind, aber auch seine Mutter und seine Geschwister –, um sich auf ihren Auftrag vorzubereiten und zu beten.

Auch wir haben das vielleicht schon ähnlich erlebt: Wir machen eine außergewöhnliche Erfahrung mit Gott, wir fühlen uns Jesus ganz nahe, und am liebsten würden wir die Zeit einfrieren und immer auf dem „heiligen Berg" bleiben.

Doch Gott ermutigt uns, keine Angst vor der „Normalität" zu haben, sondern uns wieder unserem Alltag zuzuwenden, unserer Arbeit, unseren Verantwortungen und den Menschen, mit denen wir verbunden sind. Gott steigt mit uns vom heiligen Berg herunter. Er ist kein Gott, der nur in Kirchen oder an heiligen Plätzen angebetet werden will, oder der irgendwo im Himmel thront und mit unseren alltäglichen Beschäftigungen, Nöten und Freuden nichts zu tun hat. In Jesus ist er zu uns herabgestiegen, um mit uns zu leben. So, wie die Jünger und Jüngerinnen nicht lange nach der Himmelfahrt Jesu mit dem Heiligen Geist erfüllt wurden, so schenkt Gott uns auch heute noch seinen Geist, der uns mit ihm verbindet, ganz gleich, wo wir sind.

Petrus im Kerker:
Der Gott, der uns in die Freiheit führt

Apostelgeschichte 12,1-17

Die junge Gemeinde erlebt eine gefährliche Zeit. Nach der Steinigung des Stephanus und der Verfolgung der „Anhänger des neuen Weges" durch Saulus sind diesmal die Apostel und Leiter der Gemeinde das Ziel. Glaube kostet etwas, mitunter sogar das Leben: Jakobus, der Bruder von Johannes, wird enthauptet. Das ist ein Schock für die junge Gemeinde – selbst die Apostel sind nicht unverwundbar. Herodes lässt nun Petrus ergreifen. Wieder, wie schon bei Jesus, findet die Gefangennahme zur Zeit des Passafestes statt. Da Petrus ein hochkarätiger Gefangener ist, wird er in ein „Hochsicherheitsgefängnis" gesteckt. Schon einmal war er ja auf unerklärliche Weise aus dem Gefängnis entwischt, in dem er und andere vom Hohen Rat gefangen gehalten worden waren (Apg. 5). Jeweils vier Soldaten pro Schicht bewachen ihn: zwei zu seiner Seite, an ihn gekettet, und zwei vor der Kerkertür. Unterdessen beten die Freunde Jesu, die sich an verschiedenen Orten in Jerusalem in Privathäusern versammelt haben, ununterbrochen für Petrus. Nach menschlichen Maßstäben ist eine Flucht unmöglich. Doch Gott hat andere Maßstäbe als wir, und seine Realität ist anders als unsere, aber nicht weniger real. Petrus hat sich erst einmal mit seiner Situation abgefunden und versucht, das Beste daraus zu machen. Er schläft den Schlaf des Gerechten. Unterdessen antwortet Gott auf die Gebete der Freunde von Petrus und sendet seinen Boten. Der Engel des Herrn tritt durch die verschlossenen Türen des Verlieses, und Gottes Glanz erhellt die Dunkelheit. Petrus jedoch bemerkt zunächst nichts von der alles verändernden Gegenwart Gottes in seinem Gefängnis. Er schläft so fest, dass der Bote Gottes ihn in die Seite stoßen muss, um ihn aufzuwecken: „Steh schnell auf!" Verwirrt und erstaunt erhebt sich Petrus. Die Ketten sind von seinen Händen gefallen, einfach so. Er kann es nicht begreifen. Und wer ist diese Gestalt da an seiner Seite? Träumt er noch? Geduldig, fast wie mit einem

43

kleinen Kind, spricht der Engel mit Petrus und muss ihn dazu bewegen, sich reisefertig zu machen: „Gürte dich und zieh deine Schuhe an!" Petrus gehorcht ihm, noch immer wie im Traum. „Wirf deinen Mantel um!", muss der Engel ihn schließlich sogar noch auffordern. Gehorsam und wortlos folgt Petrus ihm hinaus aus dem Kerker, überzeugt davon, nur eine Erscheinung zu haben und das nicht wirklich zu erleben. Der Engel macht mühelos den Weg frei: Sie passieren zwei bewachte Tore ohne Zwischenfälle. Das dritte äußere Eisentor ist am schwersten zu überwinden – es ist das Tor, das von der Festung Antonia im Nordwesten des Tempelbezirks hinein in die Stadt führt und das nachts nie geöffnet wird. Doch auch dieses stellt für den Engel des Herrn kein Hindernis dar. Auf der Straße, in der Freiheit angelangt, verlässt er Petrus nicht sofort, sondern begleitet ihn noch ein Stück weit. Dann ist Petrus auf sich allein gestellt. Er findet den Weg zum Haus von Maria, der Mutter des Jüngers Johannes, wo sich viele zum Gebet für ihn versammelt haben. Die treuen Beter sind überglücklich und erstaunt, dass Gott so konkret auf ihre Gebete geantwortet hat.

Gott ist auch heute noch ein Gott, der Wunder tut. Er hört auf unsere Gebete und die Gebete anderer für uns. Bis ins Detail hinein sorgt er sich um uns. Und manchmal merken wir erst hinterher, wie er eingegriffen und in unserem Leben gewirkt hat. Da geht es uns vielleicht ähnlich wie Petrus. Er hat sich schon so mit seiner Situation abgefunden und an den Kerker gewöhnt, dass es den Engel des Herrn einige Überzeugungskraft kostet, ihn zum Aufstehen zu bewegen. Gott kann und will uns in die Freiheit führen, ganz gleich, in welchem „Gefängnis" wir uns befinden. Die Hindernisse, die wir vor uns sehen, sind für Gott Chancen, uns seine Größe zu zeigen. Er hat Mittel und Wege, wo wir keinen Ausweg mehr sehen. Er hat Hoffnung, wo für uns alles hoffnungslos scheint. Sein Licht scheint besonders hell an dunklen Orten. Er sucht uns und führt uns hinaus ins Weite. Aber er überlässt auch uns noch ein wenig „Arbeit". So wie Petrus den Weg zu seinen Glaubensgeschwistern und Freunden finden musste, so sollten wir auch an der Gemeinschaft mit anderen Christen und am intensiven, erwartungsvollen Gebet festhalten. Es lohnt sich.

45

Inhaltsverzeichnis

Einleitung: *Engel in der Bibel* 4

Hagar in der Wüste: *Der Gott, der uns sieht* 6

Jakob am Fluss Jabbok: *Der Gott, der mit uns ringt und der uns segnet* 10

Mose und der brennende Dornbusch: *Der Gott, der uns herausruft* 14

Bileam und die Eselin: *Der Gott, der alle seine Geschöpfe liebt* 18

Gideon auf dem Feld bei Ofra: *Der Gott, der uns Kraft gibt* 22

Maria in Nazareth: *Der Gott, der uns mitten im Alltag Großes anvertraut* 26

Josef und sein Traum: *Der Gott, der uns den Weg zeigt* 30

Jesus in der Wüste Juda: *Der Gott, der uns dient* 34

Die Jünger auf dem Ölberg: *Der Gott, der mit uns in den Alltag geht* 38

Petrus im Kerker: *Der Gott, der uns in die Freiheit führt* 42